Reinhard Abeln

Das Kinder-Taschen-Gebetbuch

benno

Bibliografische Information der deutschen Nationalbibliothek
Die Deutsche Nationalbibliothek verzeichnet diese Publikation in der Deutschen Nationalbibliografie; detaillierte bibliografische Daten sind im Internet über http://dnb.d-nb.de abrufbar.

ISBN 978-3-7462-6206-2

Umschlaggestaltung: Ulrike Vetter, Leipzig
Umschlagmotiv: © stock.adobe.com/pronoia
Illustrationen, innen: © Ursula Harper, München
Gesamtherstellung: Arnold & Domnick, Leipzig (F)

Inhalt

Liebes Mädchen, lieber Junge!

Die Gebete und Bilder dieses Gebetbuches wollen dir sagen: Gott hat dich lieb. Er mag dich. Er hält seine Hand schützend über dich.

Mit diesem „lieben" Gott darfst du immer sprechen – jeden Tag, jeden Morgen, jeden Abend, beim Essen, in der Schule, beim Gottesdienst, wenn du krank bist und bei vielen anderen Gelegenheiten. Er ist immer bereit, dir zuzuhören.

Dieses Gebetbuch möchte dir helfen, mit Gott über alles zu reden, was dir auf dem Herzen liegt. Das gilt für jeden Kummer, das gilt für alle Freuden. Es gibt nichts, wofür sich Gott nicht interessiert.

Auch nach dem Tag der Erstkommunion will dich dieses Gebetbuch immer wieder daran erinnern: Gott ist jemand, der immer für uns da ist! Er ist nach den Worten Jesu unser Vater. Wie ein Vater sein Kind liebt, so hat Gott jeden Einzelnen von uns lieb.

Reinhard Abeln

Morgengebete

Danke für den Schlaf!

Lieber Gott,
die Nacht ist vorüber.
Ich danke dir,
dass ich gut geschlafen habe.
Lass den heutigen Tag schön werden!
Ich möchte ihn so leben,
dass er dir gefällt.
Bitte, beschütze mich,
meine Eltern, meine Geschwister
und alle, die ich kenne!
Amen.

Mit Herz und Mund

Du hast, o Gott, in dieser Nacht
mich schlafen lassen und bewacht.
Drum dank ich dir mit Herz und Mund
in dieser frühen Morgenstund.

Überliefert

Guten Morgen, lieber Gott

Alles hast du schön gemacht,
mich beschützt in dieser Nacht.
Hilf mir gut und dankbar sein!
Lass mich bitte nie allein!

Hilf mir auch, dich lieb zu haben,
dir zu danken für die Gaben,
die du jeden Tag uns gibst,
weil du deine Kinder liebst!

Lass uns lachen und nicht weinen,
lasse deine Sonne scheinen
bis in unser Herz hinein!
Lass uns immer bei dir sein!

Überliefert

Ein neuer Tag beginnt

Lieber Gott,
jetzt beginnt ein neuer Tag.
Ich möchte ihn nutzen
und das tun, was du willst.
Ich möchte zu meinen Eltern
freundlich sein und ihnen helfen.
Ich möchte mit meinen Geschwistern
gut auskommen.
Ich möchte nette Freunde finden
und mit ihnen zusammensein.
Ich möchte, dass alle Menschen
in Frieden zusammenleben.
Hilf mir, lieber Gott,
gut zu sein!
Amen.

Mein Traum vom Fliegen

Lieber Gott,
heute Nacht habe ich
etwas Schönes geträumt.
Die Luft war warm und weich
und trug mich.
Unter mir sah ich Häuser und Wiesen,
Flüsse und Berge.
Der Wind hat mich getrieben.
Als ich müde wurde,
habe ich mich auf eine Wolke gesetzt.
Es war schön in der Luft.
Danke, lieber Gott,
dass ich träumen kann!
Amen.

Mutti hat mich geweckt

Lieber Gott,
Mutti hat mich geweckt
und laut gerufen: „Bitte aufstehen!“
Ich habe eigentlich keine Lust dazu.
Ich bitte dich, lieber Gott:
Mach mich munter
und lass diesen Tag schön werden!
Amen.

Lieber Gott, ich danke dir

Lieber Gott, ich danke dir
und die Eltern auch mit mir
für die gute, lange Nacht,
in der du treu bei mir gewacht.
Amen.

Überliefert

Du hast mich bewacht

O Gott, du hast in dieser Nacht
so väterlich für mich gewacht.
Ich lob und preise dich dafür
und dank für alles Gute dir.

Bewahre mich auch diesen Tag,
damit ich dir gefallen mag!
Und was ich denke, rede, tu,
das segne, bester Vater, du!

Beschütze auch, ich bitte dich,
o heiliger Engel Gottes, mich.
Maria, bitt an Gottes Thron
für mich bei Jesus, deinem Sohn,
der hochgelobt sei allezeit
von nun an bis in Ewigkeit.
Amen.

Überliefert

Froh in den neuen Tag

Du, Vater in dem Himmel, sprich
dein Wort des Segens über mich,
auf dass ich froh den neuen Tag
beginnen und beenden mag!

Überliefert

Gesund erwacht

Vom Schlaf bin ich gesund erwacht.
Dir, lieber Gott, sei Dank gebracht.
Lass mich heut' gut und fröhlich sein.
Schütz alle Menschen groß und klein.

Während des Tages

Du bist für mich da

Lieber Gott,
die Welt ist so groß
und ich bin so klein.
Aber du siehst mich trotzdem.
Du hörst meine Stimme,
wenn ich rufe.
Du läufst nicht weg,
wenn ich mit dir sprechen möchte.
Du bist für mich da,
immer und überall.
Du bist ein guter Gott.
Ich will dein Freund sein.
Bitte, hilf mir dabei!
Amen.

Herr, segne mich

Herr, sei vor mir,
um mir den rechten Weg zu zeigen.
Herr, sei neben mir,
um mich in die Arme zu schließen
und mich zu schützen.
Herr, sei hinter mir,
um mich zu bewahren.
Herr, sei unter mir,
um mich aufzufangen, wenn ich falle.
Herr, sei in mir,
um mich zu trösten, wenn ich traurig bin.
Herr, sei über mir,
um mich zu segnen.
Es segne mich der gütige Gott.
Amen.

Segensgebet aus dem 14. Jahrhundert

Lege mir deine Hände auf!

Lieber Gott,
einmal kamen viele Mütter
mit ihren Kindern zu Jesus.
Jesus legte ihnen die Hände auf
und segnete sie.
Er hatte die Kinder sehr lieb.
Auch du liebst mich, guter Gott.
Darum bitte ich dich:
Lege mir deine Hände auf
und segne mich!
Dann bin ich richtig froh.
Amen.

Danke für meinen Schutzengel

Lieber Gott,
ich weiß,
dass ich einen Schutzengel habe.
Er begleitet und behütet mich
an jedem Tag,
in jeder Nacht.
Er ist bei mir,
wenn ich traurig bin.
Er teilt meine Freude,
wenn ich lache.
Ich danke dir
für meinen Schutzengel.
Mach, dass er mich
nie verlässt!
Amen.

Ein Geschenk von dir

Lieber Gott,
ich danke dir für alles,
was du mir geschenkt hast:
für meine Augen,
mit denen ich die Welt sehen kann;
für meine Ohren,
mit denen ich alles hören kann;
für meine Hände,
mit denen ich so viel tun kann;
für meine Füße,
mit denen ich gehen und springen kann;
für meinen Mund,
mit dem ich zu dir sprechen kann.
Vielen Dank dafür,
lieber Gott!
Amen.

Segne alle, die unterwegs sind

Lieber Gott,
du kümmerst dich um alle Menschen.
Heute bitte ich dich für alle,
die irgendwo unterwegs sind:
die Männer und Frauen,
die mit dem Auto zur Arbeit fahren;
die Fahrer von Bussen und Straßen-
bahnen, die viele Menschen befördern;
die Reisenden in Zügen und Flugzeugen,
die in den Urlaub fahren;
die Fußgänger,
die belebte Straßen überqueren ...
Segne alle, die unterwegs sind!
Lass sie wieder gesund heimkommen!
Amen.

Wo ich gehe, wo ich stehe

Wo ich gehe, wo ich stehe,
bist du, lieber Gott, bei mir.
Wenn ich dich auch niemals sehe,
weiß ich dennoch: Du bist hier.

Wenn ich lache, wenn ich weine,
bist du, lieber Gott, bei mir.
Hab ich Angst und bin alleine,
weiß ich dennoch: Du bist hier.

Überliefert

Groß und gut bist du

O Gott, wie groß, wie gut bist du,
wie schön ist deine Welt!
Gib, dass ich dir zulieb heut tu,
was, Vater, dir gefällt!

Überliefert

Abendgebete

Nun geh ich zur Ruh

Nun geh ich, lieber Gott, zur Ruh,
schließe froh die Augen zu.
Für alles sei dir Dank gesagt,
was du mir gabst an diesem Tag.

Überliefert

Du hast mich heut bewacht

Gott, du hast mich heut bewacht,
schütze mich auch diese Nacht!
Du sorgst für alle, Groß und Klein,
drum schlaf ich ohne Sorgen ein.

Überliefert

Bleibe diese Nacht bei mir

Lieber Vater, ich danke dir,
bleib auch diese Nacht bei mir!

Überliefert

Danke für die schöne Welt!

Lieber Gott,
heute Abend möchte ich dir danken
für deine schöne Welt:
für die Sonne,
die mich heute gewärmt hat,
für die Vögel,
die so lustig gesungen haben,
für die Luft,
die ich geatmet habe,
für den Mond,
der jetzt in mein Zimmer scheint,
für die Sterne,
die am Himmel leuchten.
Ich danke dir für alles,
was du geschaffen hast.
Vielen Dank auch für mich selbst!
Amen.

Gott, du bist gut und mächtig

Lieber Gott,
du machst,
dass es jetzt dunkel wird
und morgen früh die Sonne
wieder scheint.
Ich danke dir.

Du machst,
dass meine Eltern bei mir sind
und ich keine Angst haben muss.
Ich danke dir.

Du machst,
dass ich ruhig schlafen kann
und morgen früh wieder gesund
aufwache.
Ich danke dir.
Amen.

Schon glänzt der helle Abendstern

Schon glänzt der helle Abendstern,
gut Nacht, ihr Lieben, nah und fern,
schlaft ein in Gottes Frieden.
Die Blume schließt die Blüte zu,
die Vögel gehen all zur Ruh,
bald schlummern alle Müden.

Du aber schläfst und
schlummerst nicht,
dir, Vater, ist das Dunkel Licht,
dir will ich mich vertrauen.
Hab, Vater, auf uns alle Acht,
lass uns nach einer guten Nacht
die Sonne fröhlich schauen.

Überliefert

Für alle, die nicht schlafen können

Lieber Gott,
ich bitte dich für die Menschen,
die heute Abend nicht schlafen können.
Für alle, die arbeiten müssen:
Bitte, pass gut auf sie auf!
Für alle, die Sorgen
und Schmerzen haben:
Schenke ihnen die notwendige Ruhe!
Für alle, die fern von ihrer Familie sind:
Mach ihnen die Trennung erträglich!
Schenke allen Menschen
auf der Erde deinen Frieden!
Gute Nacht, lieber Gott!
Amen.

Mein Kopf ist müde und leer

Lieber Gott,
ich liege im Bett und weiß nicht,
was ich dir heute Abend sagen soll.
Mir will nichts einfallen,
denn mein Kopf ist müde und leer.
Du kennst meine Gedanken.
Du siehst in mein Herz und weißt,
dass ich dich lieb habe.
Und das ist doch das Wichtigste!
Gute Nacht, lieber Gott! Amen.

Lieber Gott, ich schlafe ein

Lieber Gott, ich schlafe ein,
lass mich ganz geborgen sein.
Die ich liebe, schütze du.
Decke allen Kummer zu.
Kommt der helle Morgenschein,
lass mich wieder fröhlich sein.
Amen.

Ich möchte dir danken

Lieber Gott,
wieder ist ein Tag vorüber.
Bald werde ich einschlafen.
Doch vorher möchte ich dir noch danken:
für mein schönes Bett,
für mein gemütliches Zuhause,
für meine Freunde ...
Ich bin heute Abend richtig glücklich.
Gib meinen Eltern, meinen Geschwistern
und mir eine gute Nacht!
Lass uns alle bei dir
geborgen sein!
Amen.

Tischgebete (Bitte)

Segne unsere Mahlzeit!

Lieber Gott,
bevor wir jetzt essen,
wollen wir dir danken.
Wir danken dir für die Gaben,
die du uns schenkst:
für die gut duftende Suppe,
für Kartoffeln und Fleisch,
für Gemüse und Salat
und für den leckeren Nachtisch!
Von allem ist reichlich da.
Segne unsere Mahlzeit!
Amen.

Teile deine Liebe aus!

Lass uns, Herr, bei diesem Essen
deine Güte nicht vergessen!
Teil uns deine Liebe aus,
füll mit Frieden Herz und Haus!

Überliefert

So viel ich brauche

Gott gebe mir nur jeden Tag,
so viel ich brauch zum Leben.
Er gibt's dem Sperling auf dem Dach,
wie sollt er mir's nicht geben?

Überliefert

Wir sagen Dank

Für Speise und Trank
und das tägliche Brot
danken wir dir, du guter Gott.
Amen.

Was wir heut' essen,
kommt alles von dir,
Vater im Himmel,
wir danken dafür!
Amen.

Überliefert

Viele helfen mit

Lieber Gott,
wir haben Hunger
und wollen zusammen essen.
Viele Menschen haben geholfen,
damit so leckere Sachen
auf unserem Tisch stehen:
der Bauer und der Gärtner,
der Kaufmann und die Verkäuferin,
der Fleischer und die Bäckerin
und noch viele andere Leute.
Wir wollen ihnen danken.
Vor allem aber
wollen wir dir danken.
Du hilfst den Menschen,
dass sie füreinander sorgen.
Amen.

Tischgebete (Dank)

Wir reich ist unsere Erde!

Lieber Gott,
das Essen hat uns geschmeckt.
Von allem war reichlich da.
Vieles kam aus fernen Ländern:
der Reis aus China,
der Fisch aus Island,
der Käse aus Holland,
die Orangen aus Italien ...
Wir reich ist unsere Erde!
Du hast sie so gemacht.
Ich danke dir, lieber Gott.
Amen.

Guter Vater, der uns liebt

Wir wollen nach dem Essen
das Danken nicht vergessen.
Du bist es, der uns alles gibt,
du, guter Vater, der uns liebt.
Amen.

Du sorgst für alle

Lieber Gott,
du sorgst dafür,
dass die Tauben auf dem Dach
nicht verhungern.
Du gibst Acht,
dass die Blumen auf der Wiese
nicht verdursten.
Du kümmerst dich darum,
dass ich immer zu essen
und zu trinken habe.
Danke, lieber Gott!
Amen.

Ich danke, lieber Gott

Was ich esse, kommt von dir.
Lieber Gott, ich dank dafür!

Überliefert

Du warst unser Gast

Wir danken dir, Herr Jesus Christ,
dass du unser Gast gewesen bist.
Bist du bei uns, ist keine Not,
du bist das wahre Lebensbrot.

Überliefert

Wir sagen Dank

Guter Gott, für Speis und Trank
sagen wir dir herzlich Dank.
Amen.

Dank sei dir für alle Gaben,
die wir von dir empfangen haben!
Amen.

Wir danken für unser Brot

Wir wollen danken für unser Brot.
Wir wollen helfen in aller Not.
Wir wollen schaffen, die Kraft gibst du.
Wir wollen lieben, Herr, hilf dazu!

Für alles Gute Lob und Dank

Dir sei, o Gott, für Speis und Trank,
für alles Gute Lob und Dank!
Du gabst, du wirst auch künftig geben.
Dich preise unser ganzes Leben!

Überliefert

Ein Geschenk von dir

Lieber Gott,
das Essen war ein Geschenk von dir.
ich danke dir für die Freude,
die du uns gemacht hast.
Gib uns auch morgen
wieder zu essen und zu trinken!
Lass uns jeden Tag
dankbar sein für alles,
was du uns schenkst!
Amen.

Reichlich war der Tisch gedeckt

Reichlich war der Tisch gedeckt
und es hat mir gut geschmeckt.
Was wir haben, kommt von dir,
lieber Gott, ich danke dir.
Überliefert

Wir brauchen dich, o Herr

Segne, Herr,
was wir essen und trinken,
damit es uns Gesundheit
und Kraft geben kann.
Lass uns aber nie vergessen,
dass wir Menschen nicht nur
Essen und Trinken brauchen,
sondern vor allem dich selbst!
Amen.

Du bist so gut zu mir

Für das Essen dank ich dir,
Herr, du bist so gut zu mir.
Amen.

Der Tisch war wieder reich gedeckt.
Gott, es hat uns allen gut geschmeckt.
Amen.

Überliefert

Lass alle Menschen satt werden!

Lieber Gott,
wir danken dir für diese Mahlzeit.
Bevor wir jetzt aufstehen,
wollen wir an die denken,
die nicht genug zu essen haben.
Stille du ihren Hunger!
Wir wollen gern dabei mithelfen.
Zeige uns, was wir tun können,
dass alle Menschen satt werden!
Danke, großer und guter Gott!
Amen.

Hilf, dass keiner Hunger hat!

Lieber Gott, ich danke dir,
dass du gabst zu essen mir.
Mache auch die Armen satt,
hilf, dass keiner Hunger hat!
Überliefert

Bei mir zu Hause

Lieber Gott, ich bitte dich

Lieber Gott, ich bitte dich,
schütz den Vater gnädiglich,
wenn er seine Arbeit tut!
Gib ihm Freud, Geduld und Mut!

Lieber Gott, ich bitte dich,
schütz die Mutter gnädiglich,
wenn sie für uns sorgt und schafft!
Gib ihr Segen, Hilf und Kraft!

Lieber Gott, ich bitte dich,
schütz auch mich heut gnädiglich!
Was ich denke, rede, tu,
gib deinen Segen mir dazu!

Wollest gütig uns bewahren
Heut vor Sorgen und Gefahren!
Überliefert

Für Kinder ohne Eltern

Lieber Gott,
viele Kinder besitzen keine Eltern.
Sie haben keine Mutter,
sie haben keinen Vater,
die sich um sie kümmern.
Meistens wohnen sie in einem Heim.
Lieber Gott, lass diese Kinder
Menschen finden, die sie lieb haben,
die wie Vater und Mutter zu ihnen sind!
Es darf keine Kinder geben,
die allein und einsam sind.
Amen.

Guter Gott, ich liebe dich

Du, mein Gott, hast mir das Leben,
hast die Eltern mir gegeben.
Gut bist du, du liebest mich,
guter Gott, ich liebe dich.
Überliefert

Beschütze Mutter und Vater

Lieber Gott,
du hast mir eine gute Mutter
und einen guten Vater gegeben.
Beide sind sehr um mich besorgt.
Sie kümmern sich darum,
dass ich gut zu essen habe,
dass ich ordentlich gekleidet bin,
dass ich etwas lernen kann ...
Ich danke dir für ihre Liebe.
Beschütze Mutter und Vater
und schenke ihnen und mir deine Liebe!
Amen.

Schön, dass ich Geschwister habe

Lieber Gott, ich bin froh,
dass ich Geschwister habe.
Du weißt, dass wir uns oft streiten.
Aber immer wieder vertragen wir uns.
Wenn es darauf ankommt,
halten wir ganz fest zusammen.
Wir helfen uns gegenseitig,
besonders bei den Hausaufgaben.
Wir spielen miteinander,
bauen zusammen eine Höhle,
toben nach Lust und Laune.
Hab Dank für meine Geschwister!
Amen.

Segen für Oma und Opa

Lieber Gott,
ich danke dir für meine Großeltern.
Sie haben mich lieb
und kümmern sich oft um mich.
Sie helfen in unserer Familie mit,
wenn meine Eltern wenig Zeit haben.
Sie sind immer da,
wenn man sie braucht.
Bitte, segne Oma und Opa!
Zeig ihnen, dass du sie lieb hast
und immer mit ihnen bist!
Amen.

Danke für meinen Paten/ meine Patin

Lieber Gott,
du kennst meinen Paten/meine Patin.
Du weißt,
wie gern ich ihn/sie habe.
Er/sie ist wie ein Freund/eine Freundin,
der/die es gut mit mir meint.
Mit ihm/ihr kann ich am besten
über Gott, über die Kirche
oder über den Glauben sprechen.
Zur Erstkommunion hat er/sie
mir eine schöne Bibel geschenkt.
Wenn ich darin etwas nicht verstehe,
kann ich ihn/sie danach fragen.
Lieber Gott,
segne meinen Paten/meine Patin
und lass ihn/sie immer
viel Verständnis für mich haben!
Amen.

Für meine Eltern dank ich dir

Für meine Eltern dank ich dir,
beschütze, guter Gott, sie mir!
Begleite sie auf allen Wegen
mit deinem väterlichen Segen!
Amen.

Überliefert

Steh du ihnen immer bei

Eltern, Geschwister und Freunde mein,
lass, lieber Gott,
dir empfohlen sein.
Steh du ihnen immer bei
und halte sie von Sorgen frei!

Überliefert

In der Schule

Niemand von uns kann alles

Lieber Gott,
weil du uns liebst, darum leben wir.
Jeden von uns hast du gern, auch mich.
Du hast uns viele Fähigkeiten gegeben.
Der eine kann dies und der andere das.
Der eine rechnet schnell,
der andere zeichnet schön,
ein anderer kann gut schreiben,
der nächste erzählt spannend
und wieder ein anderer
ist ein prima Freund.
Niemand von uns kann alles gleich gut,
auch die Erwachsenen nicht.
Wir wollen uns deswegen
gegenseitig helfen
und unterstützen.
Gib uns Kraft dazu!
Amen.

Wir schreiben eine Klassenarbeit

Lieber Gott,
wir schreiben eine Klassenarbeit.
Du weißt, dass ich zu Hause
viel geübt habe;
und trotzdem habe ich Angst.
Du weißt auch,
dass ich oft aufgeregt bin
und sogar Magenschmerzen bekomme.
Bitte, hilf mir,
dass ich ruhiger werde
und diesmal besonders gut aufpasse!
Sende mir den Heiligen Geist,
dass er meinen Verstand erleuchtet
und die Klassenarbeit gut gelingt!
Danke, lieber Gott!
Amen.

Auslachen tut weh

Lieber Gott,
immer wieder kommt es vor,
dass ich über ein Kind
in meiner Klasse lache:
wenn es etwas Falsches sagt,
wenn es nicht so schnell ist wie ich,
wenn es eine neue Frisur hat ...
Ich will das nicht mehr tun.
Ich habe schon selbst erlebt,
wie weh das tun kann,
wenn man ausgelacht wird.
Verzeih mir, lieber Gott!
Hilf, dass ich mich
in meiner Klasse
kameradschaftlicher
verhalte!
Lass uns eine gute
Gemeinschaft sein!
Amen.

Schenk mir Freude am Lernen!

Lieber Gott,
in meiner Klasse
sind viele Jungen und Mädchen.
Wir lernen lesen und rechnen,
singen und turnen.
Manchmal ist es einfach,
manchmal ist es schwer.
Unsere Lehrerinnen und Lehrer
helfen uns,
dass wir alles gut verstehen.
Bitte, lieber Gott, lass mich
immer aufmerksam sein!
Hilf mir, dass mir das Lernen
Freude macht!
Amen.

Für meine Lehrer

Lieber Gott,
ich danke dir für die Lehrer,
die du mir gegeben hast.
Schenke ihnen Geduld,
wenn ich etwas nicht verstehe!
Schenke ihnen Nachsicht,
wenn ich mal nicht aufpasse!
Schenke ihnen Freude,
wenn sie mich unterrichten!
Hilf meinen Lehrern und mir,
dass wir immer gut
miteinander auskommen!
Amen.

Nun beginnen die Ferien

Lieber Gott,
nun beginnen unsere großen Ferien.
Ein paar Wochen brauche ich nicht
an die Schule zu denken,
an die Klassenarbeiten, an die Noten
und an die Hausaufgaben.
Ich freue mich,
dass ich in dieser Zeit mit meinen Eltern
in den Urlaub (an die See, aufs Land,
in die Berge ...) fahren darf.
Schenke du uns schönes Wetter,
warmen Sonnenschein
und besonders deinen Schutz und Segen!
Lieber Gott,
ich will auch dafür sorgen,
dass Mutter und Vater sich erholen
können und an mir Freude haben.
Hilf mir dabei!
Ich danke dir. Amen.

Wir spielen und lernen zusammen

Lieber Gott,
ich danke dir für meinen Schulfreund/
meine Schulfreundin.
Ich habe ihn/sie gern,
und er/sie hat mich gern
Ich lade ihn/sie ein,
und er/sie lädt mich ein
Wir spielen und lernen zusammen.
Keiner von uns fühlt sich einsam.
Bitte, lieber Gott,
lass dies immer so bleiben!
Amen.

Für meine Freunde & Freundinnen

Danke für meinen Freund/ meine Freundin

Lieber Gott,
ich habe einen guten Freund/eine gute Freundin.
Wir machen vieles miteinander.
Er/sie interessiert sich für Dinge,
die auch mich interessieren.
Nachmittags und am Wochenende
sind wir immer zusammen.
Lieber Gott,
mein Freund/meine Freundin gefällt mir.
Es ist wunderbar,
jemanden zu kennen,
auf den man sich verlassen kann.
Lass uns immer Freunde bleiben!
Amen.

Manchmal gibt es Streit

Lieber Gott,
ich mag meinen Freund/meine Freundin.
Wir verstehen uns gut
und haben viel Freude zusammen.
Manchmal gibt es aber auch
Streit und sogar Tränen.
Wir schreien uns an,
beschimpfen uns
oder tun uns gegenseitig weh.
Hilf uns, guter Gott,
dass wir uns schnell wieder vertragen
und gute Freunde bleiben!
Wenn wir nett zueinander sind,
ist es viel schöner.
Amen.

Vergiss meine Freunde nicht

Lieber Gott,
... und ich sind Freunde.
Wir spielen jeden Tag miteinander.
Neulich hat er/sie mir erzählt,
dass er/sie dich nicht kennt.
Er/sie weiß nicht,
dass du ihn/sie kennst und lieb hast.
Ich bitte dich, vergiss ihn/sie nicht!
Amen.

Du bist mein bester Freund

Lieber Gott,
von allen Freunden, die ich habe,
bist du mein bester Freund.
Ich kann dich nicht sehen,
und doch weiß ich:
Du bist immer und überall bei mir.
Dafür danke ich dir. Amen.

In der Kirche

Danke für den Sonntag

Lieber Gott,
in der Bibel steht:
„Dies ist der Tag,
den der Herr gemacht hat.
Wir wollen jubeln
und uns an ihm freuen.“
Ich danke dir für den Sonntag,
lieber Gott.
Amen.

Ich bin gern bei dir

Lieber Gott,
ich bin gern in deinem Haus.

Ich danke dir,
dass ich bei dir sein kann.

Ich danke dir,
dass ich zu dir gehören darf.

Ich danke dir,
dass ich glücklich bin.

Lieber Gott,
ich will oft zu dir kommen.
Amen.

Du lädst uns ein

Lieber Gott,
jeden Sonntag läuten die Glocken.
Du lädst uns zum Gottesdienst ein.
Manchmal freue ich mich darauf,
manchmal schlafe ich auch lieber.
Mach, dass ich am Sonntag
gern aufstehe und zu dir komme!
Amen.

Du wohnst sehr schön

Lieber Gott,
ich bin heute mit meinen Eltern
in die Kirche gekommen.
Du hast ein großes, schönes Haus.
Hier ist es ganz still.
Ich sehe den Altar, das Kreuz
und den Taufbrunnen.
Ich weiß, hier in der Kirche
bist du uns ganz nahe.
Bitte, lieber Gott,
segne mich
und meine Eltern!
Amen.

Du bist ein guter Gott

Lieber Gott,
ich bin hier in deinem Haus.
Ich kann dich nicht sehen,
aber du siehst mich.
Ich kann dich nicht hören,
aber du hörst mich.
Ich kann nicht alles verstehen,
aber ich weiß:
Du bist ein guter Gott.
Du hast uns alle lieb.
Auch mich!
Ich will dein Freund sein, lieber Gott.
Bitte, hilf mir dabei!
Amen.

Du bist hier, lieber Gott

Lieber Gott,
du bist überall.

Du bist hier in der Kirche,
wo wir beten und singen.

Du bist auf dem Feld,
wo das Korn wächst.

Du bist in der Luft,
wo die Flugzeuge fliegen.

Du bist auf der Straße,
wo die vielen Autos fahren.

Danke, lieber Gott,
dass du überall bist!
Amen.

Für die Einheit der Kirchen

Lieber Gott,
warum gibt es eigentlich
verschiedene Kirchen?
Eine katholische, eine evangelische
und noch viele andere?
Ich glaube nicht,
dass dir das besonders gefällt.
Darum bitte ich dich:
Lass alle Kirchen zusammenkommen!
Lass das,
was sie verbindet,
stärker sein als das,
was sie trennt!
Es wäre schön,
wenn eines Tages
alle Kirchen eine Einheit bilden würden!
Amen.

Vor der Kommunion

„Nehmet und esset!“

Lieber Jesus,
ich freue mich,
dass ich dein Freund sein darf.
Du liebst mich und bist für mich da.
Du gibst mir deinen Frieden.
Dafür danke ich dir.
Und nun lädst du mich sogar ein,
zu dir zu kommen.
Du willst mir
das Brot des Lebens schenken.
Wie damals zu den Jüngern
sagst du auch heute zu uns:
„Nehmet und esset!“
Das macht mich ganz froh.
Amen.

Denk du in mir, o Jesus

Denk du in mir, o Jesus,
dann denk ich licht und klar!
Sprich du aus mir, o Jesus,
dann sprech ich mild und wahr!

Wirk du in mir, o Jesus,
gerecht ist dann mein Tun,
gesegnet meine Arbeit
gesegnet auch mein Ruh'n.

Erfüll mein ganzes Wesen,
durchdring mein ganzes Sein,
dass man aus mir kann lesen,
die große Liebe dein!
Amen.

Überliefert

Ich brauche dein heiliges Brot

Jesus,
ich brauche Nahrung,
um zu leben.
Ich brauche dein heiliges Brot,
um richtig zu leben.
Ich danke dir,
dass du mir beides gibst.
Amen.

Du, Herr Jesus, bist uns nah

Du, Herr Jesus, bist uns nah,
im heiligen Brot auf dem Altar.

In unser offnes Herz kehr ein,
dann dürfen wir dein Eigen sein!

Der ganze Tag wird froh und gut,
weil reicher Segen auf ihm ruht.

Im Brot kommst du zu mir

Lieber Jesus,
du feierst mit mir und allen,
die hier zusammengekommen sind,
das Abendmahl.
Wir dürfen deine Gäste sein
wie damals die Jünger in Jerusalem.
Im Brot kommst du zu mir,
weil du mir ganz nah sein willst.
Das macht mich glücklich und froh.
Bleib immer bei mir, guter Jesus!
Beschütze mich an jedem Tag!
Amen.

Lass alle Menschen zu dir kommen

Herr Jesus Christus,
du liebst mich
und willst immer bei mir sein.
Darum darf ich zu dir kommen
und dich in deinem heiligen
Brot empfangen.
Darüber bin ich sehr froh.
Ich bitte dich:
Lass alle Menschen
an deinen Tisch kommen!
Lade alle Menschen
zu deinem Mahl ein!
Lass alle Menschen erfahren,
dass du sie liebst
und dass du immer für sie da bist!
Amen.

Du lädst mich ein

Guter Jesus,
du lädst mich
zu deinem Mahl ein.
Ich danke dir,
dass ich dich empfangen darf.
Du kommst zu mir,
weil du mich lieb hast.
Ich möchte dich nie verlieren.
Du hast deinen Jüngern gesagt:
„Ich bin das Brot des Lebens.
Wer von diesem Brot isst,
wird leben in Ewigkeit.“
Lass mich immer und alle Zeit
bei dir sein!
Amen.

Nach der Kommunion

Nun bin ich ganz still

Jesus, ich habe dich
beim heiligen Mahl empfangen.
Nun bin ich ganz still
und denke an dich.
Ich bitte dich, Herr:
Bleib ganz nah bei mir –
nicht nur jetzt, sondern an jedem Tag!
Bitte, hab mich immer lieb!
Dann bin ich glücklich und froh.
Amen.

Du schenkst mir neues Leben

Herr Jesus Christus,
durch den Empfang deines Brotes
schenkst du mir neues Leben:
Du gibst mir Vertrauen
und lässt mich fröhlich sein.
Herr, ich danke dir.
Amen.

Jesus, du bist ganz nah bei mir

Jesus, du bist ganz nah bei mir,
ich danke, guter Jesus, dir.
Du bist bei mir eingekehrt,
dem die ganze Welt gehört.

Du, mein Jesus, bist mein Ziel,
bei der Arbeit und beim Spiel.
Du sollst immer mit mir gehn,
was auch immer mag geschehn.

Du, mein Jesus, bist mein Freund!
Ganz bin ich mit dir vereint.
Du in mir und ich in dir.
Herzlich dank ich dir dafür.

Überliefert

Ich will dir ganz gehören

Herr Jesus Christus,
ich danke dir,
dass du zu mir gekommen bist.
Ich danke dir für deine große Liebe.
Auch ich will dir meine Liebe schenken,
denn du bist mein großer Freund.
Ich will dir ganz gehören,
dir dienen und dir Freude machen.
Ich will gut zu allen Menschen sein.
Hilf mir,
dass mir dies gelingt!
Hilf mir,
aus der Liebe zu dir
zu leben
und zu handeln!
Amen.

Bei Krankheit und Leid

Ich bin krank

Lieber Gott,
ich bin krank
und muss im Bett bleiben.
Ich habe Fieber und Halsschmerzen.
Der Arzt hat gesagt,
dass ich noch nicht aufstehen darf.
Meine Eltern sorgen für mich
und sind sehr lieb zu mir.
Krankheit ist nicht schön.
Lieber Gott, lass mich spüren,
dass du da bist,
und mach mich bald wieder gesund!
Amen.

Du sorgst für alle

Lieber Gott,
ich danke dir für die Ärzte,
die sich um die Kranken kümmern.
Du hast sie so klug gemacht,
dass sie wissen,
wie sie uns helfen können.
Ich danke dir für die Medizin.
Wenn wir sie regelmäßig nehmen,
sind wir bald wieder gesund.
Ich danke dir für die Schwestern,
die im Krankenhaus
Menschen gesund pflegen.
Du sorgst für alle,
für die Gesunden und die Kranken.
Du bist so gut, lieber Gott!
Amen.

Für meine kranke Oma

Lieber Gott,
du weißt es längst:
Meine Oma ist krank.
Sie hat starke Schmerzen
und kann sich kaum bewegen.
Ich möchte ihr eine Freude machen.
Entweder bringe ich ihr ein paar Blumen
oder ich male für sie ein Bild.
Meine Oma soll wieder froh werden.
Sie soll spüren,
dass sie nicht allein ist.
Bitte, mach sie bald wieder gesund,
lieber Gott!
Amen.

Behüte alle kranken Kinder

Lieber Gott,
viele Kinder sind krank.
Die einen müssen im Krankenhaus
liegen, die anderen dürfen zu Hause sein.
Ich bitte dich, guter Gott:
Behüte alle kranken Kinder!
Hilf ihnen,
dass sie gesund werden!
Nimm ihnen ihre Schmerzen!
Lass sie erfahren,
wie schön es ist,
wieder gesund zu sein!
Amen.

Ich bitte für alle Kranken

Lieber Gott,
ich bitte für alle Menschen,
die jetzt krank sind:
Gib ihnen Ärzte,
die ihnen helfen, so gut sie können!
Schenke ihnen Menschen,
die ihnen Trost und Freude geben!
Guter Gott, lass alle Kranken
nicht so allein und traurig sein!
Mach sie wieder gesund
und fröhlich!
Lass sie spüren,
dass du da bist!
Ich danke dir.
Amen.

Hilf den Behinderten

Lieber Gott,
es gibt viele Menschen,
die geistig oder körperlich behindert sind.
Die einen können nicht sprechen,
andere nicht hören,
wieder andere nicht laufen.
Bitte, hilf diesen Menschen,
mit ihrer Situation fertig zu werden!
Gib ihnen eine Umwelt,
die ihnen Verständnis entgegenbringt,
die ihnen nach Kräften hilft!
Was mich angeht,
so lass mich erkennen,
dass es nicht selbstverständlich ist,
gesund zu sein!
Ich danke dir, lieber Gott.
Amen.

Für alle, die traurig sind

Lieber Gott,
manchmal merke ich,
dass Menschen traurig sind.
Vielleicht haben sie Sorgen,
vielleicht sind sie in Not,
vielleicht sind sie krank ...
Ich möchte gern mithelfen,
dass diese Menschen fröhlicher werden.
Gib mir ein paar Ideen,
wie ich das schaffen kann!
Wenn ich andere fröhlich mache,
bin ich selbst auch fröhlich.
Bitte, lass mich so werden,
wie du mich haben willst!
Amen.

Für die Verstorbenen

Jeden Tag sterben Menschen

Guter Gott,
jeden Tag sterben irgendwo Menschen.
Viele sterben auf der Straße,
weil sie einen Verkehrsunfall hatten.
Andere sterben im Krankenhaus,
weil sie sehr krank sind.
Einige sterben im Altersheim,
weil sie schon sehr alt sind.
Auch viele Kinder müssen sterben,
weil sie nichts zu essen haben
oder weil in ihrem Land Krieg ist.
Ich habe neulich schreckliche Bilder
im Fernsehen gesehen.
Lieber Gott, wir glauben,
dass alle Toten bei dir sind.
Lass sie für immer bei dir leben!
Amen.

Lass alle Toten bei dir wohnen

Lieber Gott,
ich bitte dich für alle,
die gestorben sind:
Lass sie bei dir wohnen
in deinem Reich!
Gleichzeitig bitte ich dich für alle,
die nach dem Tod
eines lieben Menschen traurig sind:
Tröste sie in ihrem Leid! Amen.

Gib ihnen die ewige Ruhe!

Herr, gib unseren Toten
die ewige Ruhe,
und das ewige Licht
leuchte ihnen!
Herr, lass sie ruhen in Frieden!
Amen.

Aus der Liturgie

Wir sind auf dem Friedhof

Lieber Gott,
wir sind auf dem Friedhof.
Hier ruhen die Menschen,
die schon gestorben sind.
Wir besuchen ihre Gräber
und beten für sie.
Wir danken ihnen für alle Liebe.
Auch du, lieber Gott,
vergisst die Verstorbenen nicht.
Du gibst ihnen ein neues Leben.
Wir können uns nicht vorstellen,
wie dieses Leben aussieht,
aber wir wissen:
Du hältst, was du
versprichst.
Danke, lieber Gott!
Amen.

Für immer bei dir

Lieber Gott,
dein Sohn ist von den Toten auferstanden.
Du hast ihn auferweckt.
Daran sieht man, wie mächtig du bist.
Du wirst auch uns auferwecken,
wenn wir einmal gestorben sind:
meine Großeltern, meine Eltern,
meine Geschwister und mich.
Wir dürfen dann für immer bei dir sein.
Du willst uns alle glücklich machen.
Darüber freue ich mich.
Du bist ein guter Gott.
Ich danke dir.
Amen.